Inhalt

Führungskompetenz - Wirksam und erfolgreich führen

Kernthesen

Beitrag

Fallbeispiele

Weiterführende Literatur

Impressum

Führungskompetenz - Wirksam und erfolgreich führen

I. Lukmann

Kernthesen

- Erfolgreiche Führungskräfte setzten ihren Mitarbeitern Ziele und Überprüfen die Erreichung dieser Ziele.
- Sie sorgen dafür, dass ihre Mitarbeiter ihre Aufgaben im Sinne des Unternehmens wahrnehmen.
- Mitarbeiter identifizieren sich mit ihrem Unternehmen, wenn ihre Arbeit vom Unternehmen und ihren Führungskräften gewürdigt wird.

Beitrag

Führungskompetenz ist eine Fähigkeit, die nicht jede Führungskraft gleichermaßen beherrscht. Eine gute Führung von Mitarbeitern beinhaltet beispielsweise, dass die Führungskraft grundsätzliche Fähigkeiten wie beispielsweise Delegation, Zielsetzung und Kontrolle von Arbeitsergebnissen beherrschen sollte.

In den USA werden die Begriffe Führung (Leadership) und Management noch unterschiedlich behandelt. Hierzulande wird der Begriff Führung beispielsweise folgendermaßen definiert: Ziel- sowie ergebnisorientierte, lenkende Führung von Mitarbeitern sowie eine gegenseitig beeinflussende Beziehung und Kooperationsbereitschaft zwischen einer Führungskraft und ihren Mitarbeitern. Zusätzlich sollte es Ziel einer Führungskraft sein, eigene Strukturen in den Arbeitsablauf zu bringen, um gemeinsam gesetzte Ziele und Aufgaben wirksam erfüllen zu können. (2), (5), (12)

Führungsformen

Führung und Führungskompetenz kann in drei Stufen untergliedert werden. Diese werden im

Folgenden näher beschrieben:

Individuelle Führung

Eine gute Führungskraft führt in erster Linie zunächst sich selbst. Das heißt, dass die Führungskraft klare Maßstäbe für ihr eigenes Handeln haben sollte. Zusätzlich sind strategische Zielsetzungen, die in regelmäßigen Abständen durch einen eigenen Benchmark überprüft werden können, unerlässlich.

Übergreifende Teamführung

Die professionelle Führung von Teams wird immer wichtiger und erfolgt zunehmend hierarchieunabhängig. Häufige Reorganisationen im Unternehmen sowie Projektarbeit erfordern dabei flexible Führungskompetenzen. Darüber hinaus werden zunehmend auch Kunden und Kundenteams geführt, die zusätzliche Anforderungen an die Führungskompetenz einer Führungskraft setzen.

Konzeptionelle Organisationsführung

Strategische Führungskompetenz ist für Unternehmen und Organisationen ein entscheidender Erfolgsfaktor. Um den Vorsprung auf dem Markt beibehalten und ausbauen zu können, ist es notwendig, strategische Leitlinien aufzustellen und diese im Blick zu behalten.

Motivationsformen erfolgreicher Führung

Führungskräfte können ihren Erfolg steigern, wenn sie über ein ausgewogenes Verhältnis von Machtwillen, Leistungsbereitschaft und sozialer Kompetenz verfügen.

Machtwillen

Die Selbstverwirklichung einer Führungskraft spielt im Zusammenhang mit Machtmotiven eine wichtige Rolle. Machtwille äußert sich beispielsweise im Bedürfnis nach Gestaltungsfreiraum, Wahrnehmung eigener Interessen und an einem hohen Maß an Autonomie. Der eigene Machtwille kann von der Führungskraft für den Erfolg des eigenen Bereichs und damit der eigenen Mitarbeiter eingesetzt werden. Die Vorgabe gemeinsamer Werte und Visionen kann dies beispielsweise fördern. Hingegen ist Dominanz mit dem einzigen Ziel der Selbstverwirklichung weniger zielführend und erfolgreich.

Leistungswille

Führungskräfte und Mitarbeiter möchten im Rahmen ihrer Arbeit eigene Ziele und anspruchsvolle Herausforderungen erreichen und umsetzen. Dabei kann die Führungskraft das Wissen sowie das eigene Können ihrer Mitarbeiter kontinuierlich weiterentwickeln. Eine Führungskraft, die zu detaillierte Vorgaben macht oder kleinliche Kontrollen durchführt, kann den Leistungswillen und die Motivation der eigenen Mitarbeiter dagegen verringern.

Soziale Kompetenz

Soziale Kompetenz und das so genannte Beziehungsmotiv dienen dazu, soziale Kontakte im Arbeitsumfeld aufzubauen und zu pflegen. Führungskräfte sollten daher über Beziehungs- und Kommunikationsfähigkeit verfügen. Diese Fähigkeiten können hilfreich sein, wenn Mitarbeiter mit ausgeprägtem Machtwillen und Mitarbeiter mit starkem Leistungsmotiv in einen Konflikt geraten. Die

Beziehungsfähigkeit sollte jedoch nicht mit ausgeprägtem Harmoniebedürfnis verwechselt werden. Denn eine Führungskraft hat auch die Aufgabe, in spezifischen Situationen durchsetzungsstark zu sein. (7)

Zentrale Thesen zur Führungslehre

Professor Rolf Wunderer ist Gründer des Instituts für Führung und Personalmanagement an der Universität St. Gallen. Folgende Beispiele beinhalten Thesen mit generellen Führungsgrundsätzen sowie seine Ideen zu verschiedenen Ansätzen von Führungsstilen.

- Der Kontext der Arbeit sowie die Ergebnisorientierung sollten im Fokus einer erfolgreichen Zusammenarbeit zwischen Führungskräften und Mitarbeitern stehen. Nur auf diese Weise können Ziele und Zielvereinbarungen sinnvoll anhand der Strategien des Unternehmens und den generierten Ergebnissen umgesetzt und gemessen werden.

- Dabei sollten zwei Führungsebenen unterschieden werden: Dies ist zum einen die strukturelle Führung das so genannte Management. Hierbei werden Komponenten beachtet, die für den Arbeitskontext bedeutend sind: Organisation, Strategie, Kultur sowie Personalstruktur. Dies kann jeweils auf den Ebenen des Individuums, des Teams oder übergeordneten Organisationseinheiten erfolgen. Im Gegensatz hierzu wird bei einer interaktiven Führungsbeziehung, dem Leadership, der so genannte strukturelle Führungsansatz umgesetzt. Dies erfolgt im Wesentlichen über persönliche Interaktionen und wird auf der Grundlage von positions- und personenbezogenen Erwartungen und Funktionen erreicht. Hierzu gehört beispielsweise das Analysieren, Interpretieren und Entscheiden. Beide Varianten können situativ kombiniert werden und beeinflussen so eine erfolgreiche Führung.

- Führungskräfte können mit Hilfe von Kompetenzanalysen Mitarbeiterpotenziale erkennen und nachhaltig fördern. Dabei lassen sich Fachqualifikationen bei Mitarbeitern leichter als die so genannten Schlüsselqualifikationen ausbauen. Kontinuierliche Mitarbeitergespräche sowie eine leistungsgerechte Entlohnung der eigenen Mitarbeiter schaffen Leistungsanreize und erhöhen die Eigenmotivation der Mitarbeiter. Diese Form der Interaktion kann zudem eine positive Feedbackkultur zwischen Mitarbeiter und Vorgesetzten aufbauen. (1), (2), (11), (12)

Fallbeispiele

Hans H. Hinterhuber, Vorstand des Instituts für Unternehmensführung, Tourismus und Dienstleistungswirtschaft an der Universität Innsbruck, konstatiert, dass gute Führungskräfte zahlreiche Gemeinsamkeiten aufzeigen. So besteht beispielsweise eine sehr gute Beziehung zwischen erfolgreichen Führungskräften und ihren Mitarbeitern. Diese Führungskräfte schaffen es, aus Leistungsreservoirs ihrer Mitarbeiter zu schöpfen und so ihren Bereich zu optimieren. Die Vorbildfunktion des Führungsverhaltens des Vorgesetzten ist dabei von entscheidender Bedeutung: Natürliche Autorität, Kritikfähigkeit und Selbstreflexion sind wichtige Eigenschaften einer erfolgreichen Führungskraft. Kommunizierte Wertschätzung der Führungskraft gegenüber ihren Mitarbeitern fördert nicht nur den Leistungswillen des Mitarbeiters, sondern auch die Identifikation mit dem Unternehmen. (3), (4), (8)

Führungsstile sind von Land zu Land unterschiedlich. In einer globalisierten Wirtschaft haben diese unterschiedlichen Führungsstile starken Einfluss auf die Unternehmenskultur und auf die Umsetzung von Unternehmenszielen. So sieht Emanuele Gatti, Vorstandsmitglied von Fresenius Medical Care in Bad Homburg, den Vorteil italienischer Manager darin, dass diese einen Führungsstil besitzen, der deutlich kreativer und entscheidungsfreudiger ist als der Führungsstil deutscher Manager. Im Unterschied dazu sind, laut Gatti, deutsche Führungskräfte strukturierter und disziplinierter als italienische Führungskräfte. Dies hat sich bei der Entwicklung eines neuen Dialysegerätes von Medical Care positiv ausgewirkt. Die Zusammenarbeit hat dazu geführt, dass das neue Gerät technisch deutschen Maßstäben und im Design der italienischen Kreativität genügt. Hierfür hat das Unternehmen den so genannten Red Dot Award für Design und den deutschen Innovationspreis der Wirtschaft gewonnen. (6)

Weiterführende Literatur

(1) Strategie-Guru Hamel rückt die Mitarbeiterkreativität in den Fokus „Die IT eröffnet Alternativen zum autoritären Führungsstil"
aus Computer Zeitung, Heft 27, 2007, S. 8

(2) Führungsstil und Geschäftspolitik
aus Betriebswirtschaftliche Blätter, Februar 2007, Nr. 02, S. 63

(3) Mit Ja-Sagern überlebt kein Betrieb
aus Allgemeine Hotel- und Gastronomie-Zeitung Nr. 07 vom 17.02.2007 Seite 018

(4) Rüder Führungsstil senkt Produktivität
aus netzeitung.de vom 24.01.2007

(5) Professionellen Führungsstil entwickeln
aus afz - allgemeine fleischer zeitung Nr. 46 vom 15.11.2006 Seite 011

(6) Ausländische Chefs bringen fremden Führungsstil mit Von der Mischung der Kulturen können Firmen profitieren
aus Financial Times Deutschland vom 06.10.2006, Seite SC2

(7) Jung und engagiert Motivation und Führungskompetenz - "Macht", "Leistung" und "Beziehung" bestimmen das Führungsverhalten
aus kfz-betrieb Nr. 35 vom 31.08.2006 Seite 047

(8) Siebert, Lutz, Kritik erwünscht, Feedback-Programme stärken Führungskompetenz, Frankfurter Allgemeine Zeitung, 03.05.2006, S. B1
aus kfz-betrieb Nr. 35 vom 31.08.2006 Seite 047

(9) Defizite im Führungsstil
aus Frankfurter Allgemeine Zeitung, 29.04.2006, Nr. 100, S. 60

(10) Le Patron, der Chef, the Boss Eine Befragung von 200 deutschen, französischen und britischen

Führungskräften zeigt, dass die Nationalität großen Einfluss auf Führungsstil und Machtbewusstsein hat.
aus Financial Times Deutschland vom 13.01.2006, Seite 28

(11) Führungskompetenz ist oftmals Voraussetzung für den Karriereerfolg - nach den ersten Berufsjahren ist eine entsprechende Qualifizierung besonders sinnvoll Richtig analysieren, kompetent agieren
aus Die Welt, Jg. 60, 02.04.2005, Nr. 76, S. B5

(12) Maximen erfolgreicher Führung
aus PERSONALmagazin, Heft 10/2006, S. 22

Impressum

Führungskompetenz - Wirksam und erfolgreich führen

Bibliografische Information der deutschen Nationalbibliothek

Die Deutsche Nationalbibliothek verzeichnet diese Publikation in der deutschen Nationalbibliografie; detaillierte bibliografische Daten sind im Internet über http://dnb.d-nb.de abrufbar.

ISBN: 978-3-7379-0202-1

© 2015 GBI-Genios Deutsche Wirtschaftsdatenbank GmbH, Freischützstraße 96, 81927 München, www.genios.de

Alle Rechte vorbehalten. Dieses Werk ist einschließlich aller seiner Teile – z.B. Texte, Tabellen und Grafiken - urheberrechtlich geschützt. Jede Verwertung außerhalb der Grenzen des Urheberrechtsgesetzes bedarf der vorherigen Zustimmung des Verlags. Dies gilt insbesondere auch für auszugsweise Nachdrucke, fotomechanische Vervielfältigungen (Fotokopie/Mikroskopie), Übersetzungen, Auswertungen durch Datenbanken oder ähnliche Einrichtungen und die Einspeicherung und Verarbeitung in elektronischen Systemen.